Inhalt

Infrastrukturfinanzierung - Wie attraktiv ist sie für Investoren?

Kernthesen

Beitrag

Fallbeispiele

Weiterführende Literatur

Impressum

Infrastrukturfinanzierun - Wie attraktiv ist sie für Investoren?

Gerhard Dengl

Kernthesen

- Die Finanzierung von Infrastrukturprojekten (zum Beispiel von Gleisen, Autobahnen, Brücken, Flughäfen) wurde lange Zeit wegen der eher niedrigen Margen von Investoren wenig beachtet.
- Dies beginnt sich zu ändern: Im anhaltend niedrigen Zinsumfeld sind nun auch die Margen aus risikoreicheren Finanzierungen deutlich abgesunken. Im Vergleich dazu ergibt eine Investition in Infrastrukturprojekte jetzt deutlich mehr Sinn.
- Die Branche hat sich in den vergangenen

Jahren stärker dem Kapitalmarkt zugewandt und Finanzierungs- und Investitionsformen hervorgebracht, die potenziellen Investoren den Einstieg erleichtern.

Beitrag

Die Finanzierung von Infrastruktur - dazu zählen etwa Flughäfen, Brücken, Tunnel, Autobahnen, Krankenhäuser, Kraftwerke oder Kommunikationsnetze - ist in der Regel eine öffentliche Aufgabe. Bisher wurden die meist großvolumigen und langfristigen Finanzierungen häufig von Bankenkonsortien verantwortet, da selbst große Geldhäuser die benötigten Kredite nicht alleine stemmen konnten.

Infrastrukturprojekte haben einige besondere Eigenschaften, die sie von anderen Projekten unterscheiden, und das wirkt sich auch auf die Finanzierung aus.

- Es gibt einen kontinuierlichen Finanzierungsbedarf, vor allem um die vorhandene Infrastruktur zu erhalten. Dieser Bedarf ist recht gut über Jahre hinweg prognostizierbar, so dass eine langfristig orientierte Investitions- und Finanzierungsplanung möglich ist. Im Endeffekt macht dies die Finanzierung günstiger, da genügend Vorlauf besteht, um das beste Angebot herauszusuchen.

- Die Auftraggeber, gerade für große Infrastrukturprojekte, sind in der Regel Staaten. Das mindert normalerweise das Risiko des Projekts. Sollte sich beispielsweise die Investition in ein bestimmtes Projekt letztlich nicht rentieren, entsteht dem Kreditgeber mit hoher Sicherheit kein Schaden, da der Staat den Kredit aus anderen Mitteln zurückzahlen kann. Dieses Risiko nahe Null reduziert noch einmal beträchtlich die Kreditkosten.

In Summe läuft es darauf hinaus, dass Infrastrukturfinanzierung in der Regel zu sehr niedrigen Zinsen machbar ist. Das bedeutet umgekehrt aber für Kreditgeber und Investoren, dass solche Projekte nicht besonders interessant sind, da einerseits sehr große Volumina gebunden sind, die andererseits kaum Rendite abwerfen. Die Folge ist, dass dieses Geschäft in der Regel von Spezialbanken betrieben wird, die sich genau auf diese Bedingungen hin optimiert haben. "Normale" Banken beteiligen sich an derlei Investitionen eher, um das eigene Kreditportfolio zu diversifizieren. (6), (8), (9)

Für Banken werden Infrastrukturprojekte zunächst

unattraktiv

Mit Basel III wird es für Banken zukünftig etwas teurer, die riskanten Projektfinanzierungen durchzuführen. Um dies weiterhin rentabel tun zu können, müssten sie höhere Zinsen verlangen als bisher, was der Markt aber kaum hergibt. Zusätzlich wird über die Kennzahl "Net Stable Funding Ratio" gefordert, dass langfristige Kredite auch fristenkongruent finanziert werden müssen - was de facto nur zu hohen Kosten darstellbar ist. Diese Veränderungen führen dazu, dass langfristige Projektfinanzierungen für Banken zunächst unattraktiver werden. (5)

Investoren suchen nach Anlagemöglichkeiten

Druck kommt aber aus einer ganz anderen Richtung: Durch die anhaltende Niedrigzinsphase ist es für viele institutionelle Investoren (beispielsweise Versicherungen und Pensionskassen) kaum noch möglich, Projekte zu finden, mit denen sich auskömmliche Renditen erzielen lassen. Während bis vor etwa zwei Jahren Infrastrukturfinanzierungen als absolute Niedrigzinsprojekte galten, schneiden sie mittlerweile - nachdem es fast nur noch niedrige

Zinsen auf dem Markt gibt - im Vergleich mit anderen Projekten gar nicht mehr so schlecht ab. Bedenkt man dazu noch, dass mittlerweile selbst "normale" Projektfinanzierungen zu denselben Zinssätzen finanziert werden, zu denen bisher nur öffentliche Projekte gemacht werden konnten, so werden sie sogar ausgesprochen attraktiv. Das liegt daran, dass zwar die Zinsen in beiden Fällen auf dem gleichen Niveau liegen, das Infrastrukturprojekt aber deutlich weniger Risiko aufweist. Warum haben sich die Zinssätze für andere Projekte verändert, aber die für Infrastrukturprojekte nicht? Weil das Geschäft mit der Infrastrukturfinanzierung sehr lange Zeithorizonte bis zu 30 Jahren hat. Die Konditionen für eine aktuelle Finanzierung können daher vor fünf, zehn oder sogar zwanzig Jahren vereinbart worden sein. (5)

Trends

Public-Private-Partnerships - nicht immer einfach

Die Idee klingt gut. Öffentliche und private Investoren stellen gemeinsam die Finanzierung eines Großprojekts sicher und bündeln dabei ihre

Kompetenzen. In der Praxis gibt es allerdings viele Stolpersteine. Für die strukturierte Finanzierung wird zunächst eine Zweckgesellschaft gegründet, die auch der alleinige Kreditnehmer ist. Den Investoren stehen als Sicherheiten lediglich das Vermögen dieser Zweckgesellschaft und die Rückflüsse aus dem zu realisierenden Großprojekt zu. Letztere fließen aber nur, wenn das Projekt vollständig und termingerecht umsetzt wird. Jedes Risiko, das hieraus entsteht, trägt zunächst die Zweckgesellschaft und letztlich der Investor selbst. Das gesamte Fundament einer solchen Finanzierung beruht auf zwei Annahmen:

Rechtssicherheit: Da Großprojekte teilweise einen Horizont von bis zu 30 Jahren haben, ist es wichtig, dass die von staatlicher Seite zugesagten Rahmenbedingungen, zum Beispiel Abnahmeverpflichtungen von Strom, über die Projektlaufzeit Bestand haben.

Risikotransfer: Es ist wichtig, dass das Projektrisiko vollständig auf den privaten Partner übergeht, denn nur er kann es letzten Endes wirksam beeinflussen. Dass dies auch wirklich passiert, dafür muss in der Regel der öffentliche Partner aktiv sorgen.

Wie die Erfahrung zeigt, sind diese beiden Bedingungen in Deutschland in der Regel gegeben, während man im Ausland nicht ohne Weiteres darauf bauen kann. (4), (7)

Ein Hoffnungsträger bleiben die Pulic-Private-Partnerships auf jeden Fall auch für die weitere Zukunft. Man sieht darin prinzipiell eine Möglichkeit, weitere Staatsschulden zu vermeiden. (10)

Langfristige Finanzierung als politisches Thema

Gleich mehrere internationale Institutionen beschäftigen sich mit der Frage, wie die Bedingungen für langfristige Investitionen verbessert werden können. Das Grünbuch der Europäischen Kommission zur langfristigen Finanzierung der europäischen Wirtschaft und das G30-Papier "Longterm Finance and Economic Growth" zählen zu den am meisten beachteten Publikationen in diesem Zusammenhang. Ausschlaggebend für die Untersuchungen waren die negativen Erfahrungen mit kurzfristigem Finanzmarktverhalten während der Finanzmarktkrise.

Klassischerweise sind langfristige Investitionen mit zwar geringen, aber dafür sichereren Rückflüssen das vorrangige Betätigungsfeld für Versicherungen. Aber gerade diesem Investorenkreis wird es durch das aktuell angedachte Regulierungsregime - namentlich Solvency II - schwer gemacht, sich in dieser sicheren Anlageklasse zu engagieren. Die Branche fordert daher eine Abänderung der geplanten regulatorischen Vorschriften. (3)

Fallbeispiele

Spezialfall Erneuerbare Energien

Ob Onshore-Windenergie oder Photovoltaik, die Investitionen in erneuerbare Energien versprechen auf jeden Fall eine angemessene Rendite. Das liegt nicht nur daran, dass die entsprechenden Projekte sich selbst tragen, sondern vor allem daran, dass es politische Zusagen gibt, bis 2020 massiv in entsprechende Projekte zu investieren. Private Investoren sind hier quasi als Trittbrettfahrer unterwegs, denn der politische Wille stellt eine implizite Garantie dar. In solchen Fällen ist sogar eine geringe Rendite akzeptabel, da sie völlig risikofrei erwirtschaftet werden kann. Union Investment hat einen Spezialfonds aufgelegt, der es Investoren ermöglicht, an genau diesem Trend zu partizipieren. Es werden sechs bis acht Prozent jährliche Rendite erwartet; der Anlagehorizont beträgt mindestens 15 Jahre. (1)

Transeuropäische Netze

Seit Mitte der 1990er Jahre zählt der Ausbau Transeuropäischer Netze zu den Zielen der EU-Politik. Ein Großteil dieser Projekte bezieht sich auf den Eisenbahnverkehr. Aber auch Straßenverkehr und Binnenschifffahrt sind vertreten. Förderkredite werden von EU-Seite von der Europäischen Investitionsbank (EIB) vergeben. Diese hat zwischenzeitlich ein breit gefächertes Finanzierungsinstrumentarium aufgebaut. So werden etwa, um Gelder von privaten Investoren einzuwerben, Projektanleihen ausgegeben; diese sind nicht zu verwechseln mit den "Euro-Bonds", die im Rahmen der Euro-Rettung diskutiert wurden. Die Anleihen werden direkt von den Projektgesellschaften begeben und sind von der EIB garantiert. (2)

Weiterführende Literatur

(1) Infrastruktur - die Entwicklung einer Assetklasse
aus Zeitschrift für das gesamte Kreditwesen 10 vom 15.05.2013 Seite 513

(2) Finanzierung Transeuropäischer Netze - die Rolle der Europäischen Investitionsbank
aus Zeitschrift für das gesamte Kreditwesen 10 vom 15.05.2013 Seite 504

(3) Langfristige Finanzierungen durch Versicherer: Stimmen die Rahmenbedingungen?
aus Zeitschrift für das gesamte Kreditwesen 10 vom 15.05.2013 Seite 507

(4) Erfahrungen der Wirtschaft mit der Finanzierung von Großprojekten
aus Zeitschrift für das gesamte Kreditwesen 10 vom 15.05.2013 Seite 510

(5) Infrastrukturfinanzierungen - ein Markt mit Zukunft für Banken und institutionelle Investoren
aus Zeitschrift für das gesamte Kreditwesen 10 vom 15.05.2013 Seite 519

(6) Infrastrukturfinanzierungen als volkswirtschaftliche Herausforderung: ein Blick über den Tellerrand
aus Zeitschrift für das gesamte Kreditwesen 10 vom 15.05.2013 Seite 524

(7) "Ich lasse mich als einziger öffentlich verprügeln"
aus Frankfurter Allgemeine Zeitung, 07.06.2013, Nr. 129, S. 14

(8) Verschlissene Wege
aus Frankfurter Allgemeine Zeitung, 19.06.2013, Nr. 139, S. 1

(9) Bauwirtschaft macht Druck in Berlin
aus Frankfurter Allgemeine Zeitung, 09.07.2013, Nr. 156, S. 15

(10) G 20 erstellt Liste systemischer Versicherer
Neuverschuldung soll weltweit gestoppt werden
aus Börsen-Zeitung, 18.07.2013, Nummer 135, Seite 7

Impressum

Infrastrukturfinanzierung - Wie attraktiv ist sie für Investoren?

Bibliografische Information der deutschen Nationalbibliothek

Die Deutsche Nationalbibliothek verzeichnet diese Publikation in der deutschen Nationalbibliografie; detaillierte bibliografische Daten sind im Internet über http://dnb.d-nb.de abrufbar.

ISBN: 978-3-7379-0534-3

© 2015 GBI-Genios Deutsche Wirtschaftsdatenbank GmbH, Freischützstraße 96, 81927 München, www.genios.de

Alle Rechte vorbehalten. Dieses Werk ist einschließlich aller seiner Teile – z.B. Texte, Tabellen und Grafiken - urheberrechtlich geschützt. Jede Verwertung außerhalb der Grenzen des Urheberrechtsgesetzes bedarf der vorherigen Zustimmung des Verlags. Dies gilt insbesondere auch für auszugsweise Nachdrucke, fotomechanische Vervielfältigungen (Fotokopie/Mikroskopie), Übersetzungen, Auswertungen durch Datenbanken oder ähnliche Einrichtungen und die Einspeicherung und Verarbeitung in elektronischen Systemen.